크리스천의 솔직 당당
유쾌한 데이트

그 남자
갓 데이트
할래요?

생명의말씀사

갓데이트
할래요?

© 생명의말씀사 2015

2015년 7월 30일 1판 1쇄 발행

펴낸이 | 김재권
펴낸곳 | 생명의말씀사

등록 | 1962. 1. 10. No.300-1962-1
주소 | 서울시 종로구 경희궁1길 5-9(110-062)
전화 | 02)738-6555(본사) · 02)3159-7979(영업)
팩스 | 02)739-3824(본사) · 080-022-8585(영업)

지은이 | 문형욱, 이슬기, 김아영

기획편집 | 서정희, 김세나
디자인 | 박소정, 윤보람
인쇄 | 예원프린팅
제본 | 정문바인텍

ISBN 978-89-04-16516-2 (03230)

저작권자의 허락 없이 이 책의 일부 또는 전체를
무단 복제, 전재, 발췌하면 저작권법에 의해 처벌을 받습니다.

크리스천의 솔직 당당
유쾌한 데이트

갓데이트 할래요?

프롤로그 데이트는 또 다른 나를 찾아 떠나는 여행 _6
캐릭터 소개 _9

그 남자의 갓데이트

제1편 넌 너무 평범해! _11
이상형도 아닌 사람에겐 도저히 마음이 열리지가 않아요. 제가 이기적이고 세상적인가요? 이 세상 어딘가 제 이상형이 반드시 있겠죠?

제2편 넌 너무 예뻐! _47
같이 걷는 느낌…정말 환상적입니다. 게다가 뭇 남성들의 부러움에 찬 시선들… 좋습니다. 좋아요!!

제3편 어린 여자가 좋아! _91
어리면 얼마나 좋아! 풋풋하고 앳된 목소리! 잡티 없는 피부! 세상 물정 모르는 순수함! 부르면 쪼르르 달려와서 안기는 귀염성까지…

제4편 날 닮은 너! _131
참 이상해… 그때나 지금이나 비주얼은 똑같이 평범한데, 서로 마음을 오픈하고 공감되기 시작하니 나도 모르게 조금씩 생각나는 것 같아.

갓데이트 코칭   *매력 남녀가 되기 위한 비결!*

1. 도대체 이성 친구가 생기지 않는다는 당신에게 _44
2. 킹카가 되고 싶다는 당신에게 _88
3. 퀸카가 되고 싶다는 당신에게 _128

그 여자의 갓데이트

제1편　잡히지 않는 환상　_6
어느 날 갑자기 내 앞에 백마 탄 왕자님이 '짠' 하고 나타나면 바로 결혼할 거야! 난 많은 사람의 부러움을 한 몸에 받으며 행복한 결혼식을 할 거야~!

제2편　사랑은 필(feel)로 시작하는 거야!　_44
필이 와야 두 번 만나고, 세 번을 만나지! 시간 낭비, 돈 낭비. 필이 안 통하는 남자를 왜 만나야 해?

제3편　결혼 조건 0순위! 스펙　_80
헉! 저 남자 옷이며 신발, 시계... 집 한 채 값은 되겠다! 내가 최고급 승용차를 타 보다니... 좋다!

제4편　갓데이트　_116
어떤 조건이 충족됐기 때문에 행복한 게 아니라, 하나님 안에서 두 사람이 함께 사는 것이 행복 같아.

진정한 스펙이란 바로 이런 것!

크리스천의 스펙

- **S** Self-esteem : 건강한 크리스천의 자존감이란? _37
- **P** Peacemaker : 나는 피스메이커일까, 트러블메이커일까? _75
- **E** Emotion : 감정을 나눈다는 것 _111
- **C** Christian : 우리는 믿음의 사람들 _114

아무리 좋아도 이런 사람은 NO!

갓데이트 Tip

1. 이런 남자는 만나지 마라 _43
2. 이런 여자는 만나지 마라 _79

프롤로그

데이트는 또 다른 나를 찾아 떠나는 여행

청년이라면 거의 모두가 행복한 데이트를 꿈꿀 것입니다. 하지만 데이트를 위해 어떤 준비가 필요한지 잘 아는 사람은 드뭅니다. 저도 아내를 만나기 전에는 그저 '예쁘고 착한 여자를 만나 결혼하면 행복하겠지'라는 막연한 생각만 할 뿐, 어떠한 준비도 하지 않았으니까요. 그랬던 제가 지금 크리스천 청년들을 상담하며 그들에게 연애의 중요성과 방법을 전하는 것이 놀라울 따름입니다.

저는 10여 년 전 청년 시절, 방송국에 갔다가 우연히 짝 찾기 프로그램을 보게 되었습니다. 처음엔 방송에 공개되면서까지 굳이 짝을 찾겠다고 나온 사람들이 한심하게만 보였습니다. 그러나 프로그램이 끝나갈 무렵, 결혼을 위해 진지하게 고민하며 준비하는 참여자들의 멋진 모습을 발견하게 되었고, 그동안 내가 얼마나 결혼에 대해 아무 생각 없이 살았는지를 깨닫게 되었습니다. 그 순간, 제 인생이 바뀌는 일생일대의 전환점을 맞이하게 된 것입니다. 이 일을 계기로 저는 크리스천 청년들에게 결혼 준비와 연애의 중요성을 알리며 그들이 결혼과 연애를 지혜롭게 준비할 수 있도록 돕는 사역을 하게 되었습니다.

청년 여러분! 결혼하기 전, 연애하는 과정은 매우 중요합니다. 평생 나와 함께 할 짝을 찾는 과정이니까요. 이 중요한 과정을 소홀히 여기지 마시고 현명하게 준비하시기 바랍니다.

배우자는 또 다른 나!

그동안 약 5천여 명의 청년을 만나고 그들을 상담하며 깨달은 것이 있습니다. 청년들에게 지금 가장 필요한 것은 '나는 누구인가?'라는 자기 정체성이라는 것입니다.

자신이 누구를 만나야 하는지, 어떠한 사람이 나와 맞는 배우자인지를 전혀 모른 채, '나이가 찼으니까!', '외로우니까!' 라는 마음으로 쉽게 이성 교제를 시작하는 청년들을 볼 때 매우 안타깝습니다.

'배우자로 어떤 사람을 만나야 할까?'라는 질문을 가지고 있었을 때, 창세기 2장을 읽게 되었습니다. 하나님께서 아담의 갈빗대로 하와를 만드시고, 남자는 부모를 떠나 아내와 한 몸을 이루라고 하신 것을 보며, 결국 배우자는 나와 한 몸인 '또 다른 나'라는 생각이 들었습니다. 자기 자신을 분명히 아는 것은 이성 교제를 하고 배우자를 선택할 때 많은 도움이 됩니다. 자신을 이해할 수 있다면 자신과 닮은 '또 다른 나'인 좋은 배우자를 만날 수 있기 때문입니다.

이성 교제는 이렇게 '또 다른 나'를 찾아가는 아주 중요한 과정입니다. 그럼에도 이성 교제를 많이 하는 것을 죄스럽게 여기는 크리스천 청년들이 많습니다. 하지만 이성 교제를 몇 번 했는지 보다 건강한 이성 교제를 위해서 어떤 사람과 어떤 목적으로 어떻게 데이트 할 것인지가 더욱 중요하지 않을까요? 이러한 것을 알려주기 위해 이 책이 탄생하였습니다.

솔직하게! 당당하게! 유쾌하게!

크리스천 청년들은 이성 교제에 많은 부담을 느낍니다. '이성 교제'하면 바로 '결혼'을 떠올리기도 하지요. 그래서 누군가를 소개 받을 때에도 상대방의 조건이 결혼까지 갈 만큼 완벽해야만 데이트를 시도하곤 합니다. 그러다 보니 연애를 하더라도 좋은 모습만 보여주고 싶어서 자신을 솔직하게 드러내지 못합니다. 또한, 데이트의 목적이 결혼에 있게 되면 '이번에 만나는 사람과는 반드시 결혼까지 가야지.'라는 생각을 갖게 되고 결국 실패의 두려움 때문에 자신의 생각과 감정을 버리고 상대방의 눈치만 살피는 데이트를 하게 됩니다. 결혼을 위해 이성 교제를 하려는 것 보다는 솔직하고, 당당하고, 유쾌한 이성 교제를 하면서 자연스럽게 결혼에 대한 바람직한 소망을 가져 보는 건 어떨까요?

최근 어떤 연애 코칭 강사가 첫 만남에서 신앙 이야기를 하지 말라고 조언하는 것을 들었습니다. 첫 만남에서 너무 고리타분하고 필요 이상의 진지한 이미지를 줄 수 있다는 이유에서 입니다. 그래서 자신이 크리스천임에도 일부러 신앙 이야기를 자제하기도 합니다. 하지만 우리가 꼭 기억해야 할 것은 이성 교제는 남자와 여자, 단 둘이서 하는 것이 아니라, 성령님과 함께 하는 교제라는 사실입니다. 하나님의 사랑 이야기는 매우 유익하고 중요한 것입니다. 우리는 그분의 자녀이기 때문에 좀 더 솔직할 수 있고 좀 더 당당해도 되지 않을까요? 모든 것을 하나님께 맡기며 서로의 마음을 나누는 데이트를 하시길 바랍니다. 그렇게 된다면 데이트가 내 뜻대로 되지 않았다 할지라도 그 안에서 하나님의 선한 이끄심을 경험할 수 있을 것입니다. 이 책을 읽는 청년들이 또 다른 나를 찾아 떠나는 여행을 유쾌하게 할 수 있기를 응원합니다.

2015년 여름에
문 형 욱

캐릭터 소개

이남주

남자 주인공 이남주는 예쁘고 착한 여자를 좋아하는 전형적인 보통 남자! 빛나는 외모와 늘씬한 몸매를 가진 완벽녀와 함께 걸으며 뭇 남성들의 부러운 시선을 한 몸에 받는 상상을 합니다. 평범한 삶속에 특별함을 안겨다 줄 이상형을 끝없이 찾는 남주, 과연 남주의 완벽녀는 어디에 있을까요?

김여주

여자 주인공 김여주는 신앙심 좋고 능력 있고 잘생기기까지 한 '백마탄 왕자님'을 기다리는 전형적인 보통 여자! 지금은 평범하지만 백마 탄 왕자님을 만나서 모두의 부러움을 살 행복한 공주가 되는 꿈을 꿉니다. 밤마다 배우자 기도를 하며 하염없이 이상형을 기다리는 여주, 과연 그녀의 왕자님은 어디에 있을까요?

이 책을 읽는 Tip

+ 남녀 주인공이 가운데 페이지에서 만날 수 있도록 구성했습니다. 남자 편은 앞에서부터, 여자 편은 뒤에서부터 봐 주세요.

+ 남녀 주인공이 재회하기 전, 서로는 알지 못한 채 같은 장소에 있는 장면이 등장합니다. 그 페이지는 어디 일까요? 만화를 보며 숨겨진 재미를 찾아보세요.

"이상형도 아닌 사람에겐
　　도저히 마음이 열리지가 않아요.
제가 이기적이고 세상적인가요?
　　이 세상 어딘가 제 이상형이
　반드시 있겠죠?"

그 남자의 갓데이트

제1편 ┃ 넌 너무 평범해!

랄랄라~

드디어 오늘입니다.
설레는 그녀와의 첫 데이트!

그 남자의 갓데이트 제1편. 넌 너무 평범해!

스타일 : 리본 + 레이스...80년대 유행
외모 : 대한민국 평균
키 : 아슬아슬하게 여자 평균 이상
몸매 : 한국 평균
종합 평점은,

C+

기준미달

스타일 : 단아한 블라우스. 굿!
외모 : 오똑한 코! 대한민국 평균 이상
키 : 여자 평균 이상!
몸매 : 다리가 길어 보인다!
종합 평점은,

AA

연애적합

스타일 : 청순가련형
외모 : 신비주의
키 : 여자 평균 이상!
몸매 : 가늘고 하늘하늘 함.
종합 평점은,

A+

연애적합

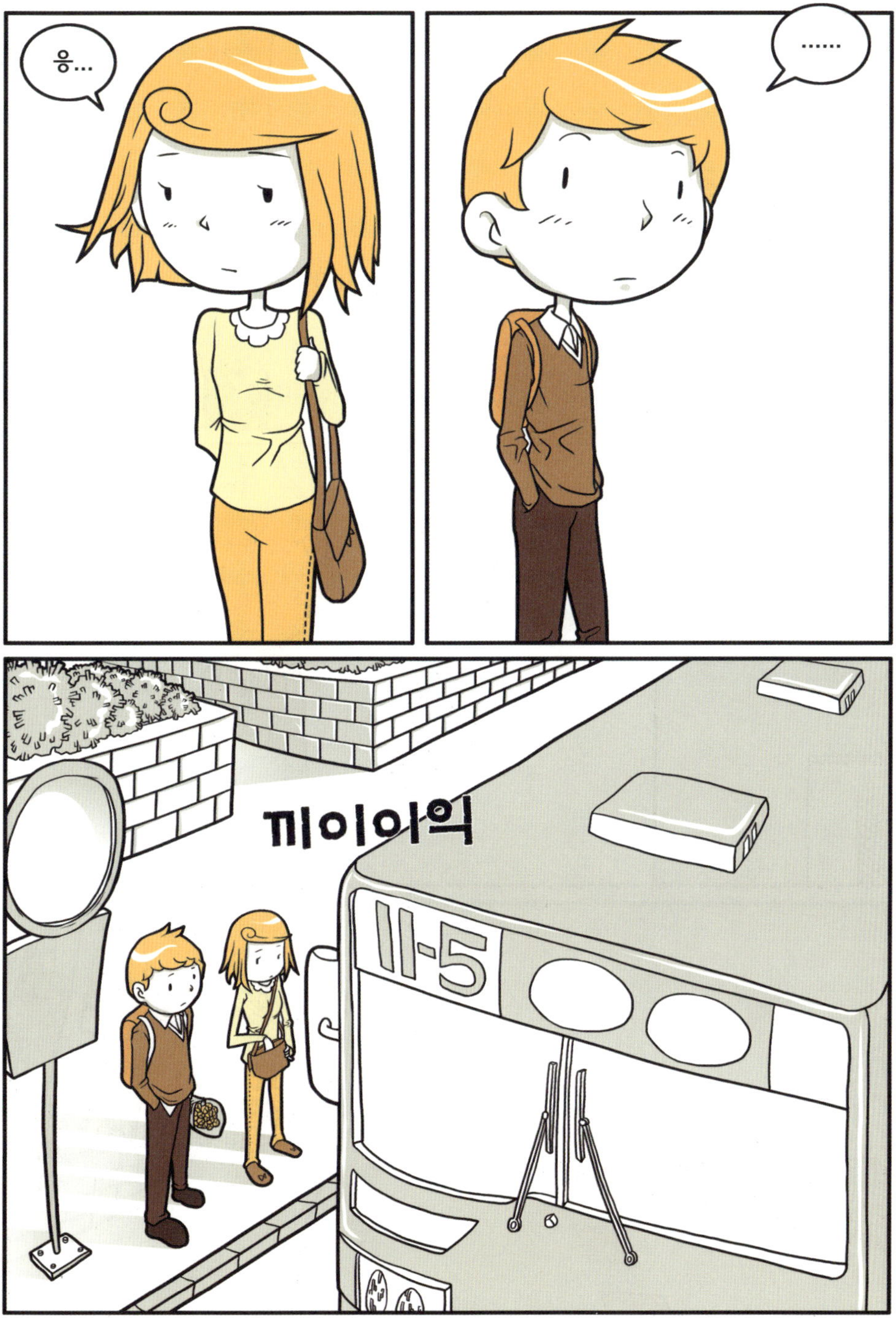
응...
......
끼이이익
11-5

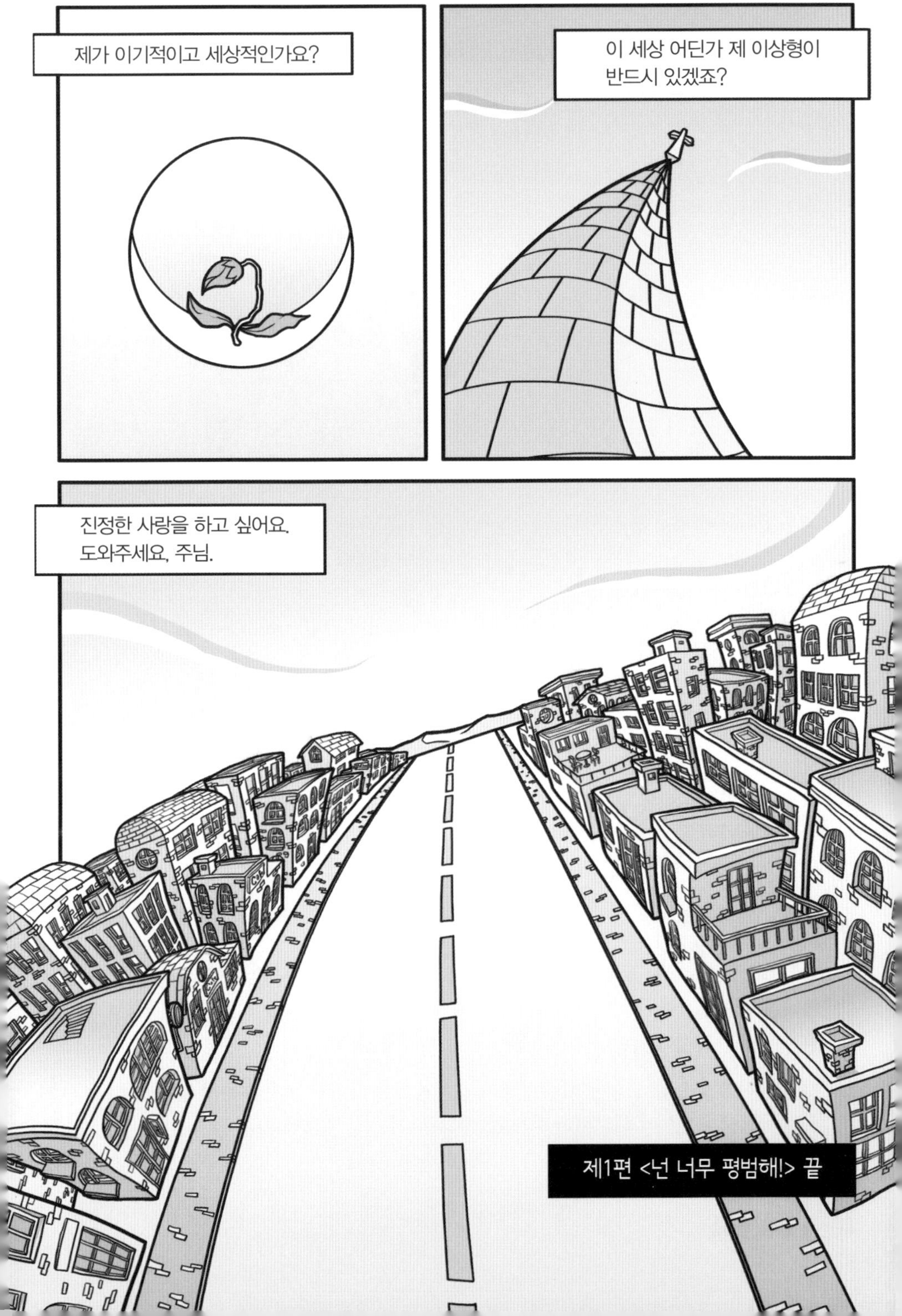

제가 이기적이고 세상적인가요?

이 세상 어딘가 제 이상형이 반드시 있겠죠?

진정한 사랑을 하고 싶어요.
도와주세요, 주님.

제1편 <넌 너무 평범해!> 끝

갓·데·이·트·코·칭 1

도대체 이성 친구가
생기지 않는다는 당신에게

"세상의 절반이 이성이고 저보다 별로인 사람도 이성 친구를 잘 만나는데, 전 도대체 뭐가 모자라서 이성 친구가 안 생기는 거죠?"

저를 찾아와 이렇게 하소연하는 청년들이 있습니다. 이런 분들은 주변 사람들이 본인을 두고 한 번쯤 다음과 같은 이야기를 하는 것을 들어 보았을 것입니다. "이 분 참 착해요.", "내가 아는 언니(형) 소개 시켜주고 싶어요.", "오빠(누나)같은 친 오빠(누나)가 있었으면 좋겠어요!" 라고 말입니다. 이런 칭찬을 주변 사람들로부터 한없이 듣지만, 결국 이성 친구로는 선택받지 못합니다. 더 충격적인 것은 동네 아주머니, 삼촌들, 혹은 교회의 집사님, 권사님들에게만 인기 폭발이라는 사실입니다.

저는 10여 년 동안 결혼 사역을 하면서 이런 분들의 고민을 귀가 닳도록 많이 들었습니다. 실제로 제가 보아도 참 괜찮은 청년인데, 이런 고민을 털어놓을 땐 더욱 안타깝습니다. "넌 남자(여자)로서 정말 아니야!", "넌 정말 찌질해!" 와 같이 아예 부정적인 이야기를 들었다면 아쉬움 없이 포기해 버릴 텐데, 온갖 칭찬은 다 들으면서 정작 선택받지 못하니 더욱 답답하기만 할 뿐입니다.

하지만 여러분! 이러한 부정적인 말을 누군가에게 실제로 듣는다고 상상해 보세요. 이건 아쉬움이 아니라 정말로 큰 충격입니다. 제가 여러분께 말씀드리고 싶은 것은 이성으로부터 "우리 정말 편한 오빠, 동생 사이로 지내요.", "너는 참 좋은 친구야." 라는 말처럼 긍정적인 말을 듣는다면 그 남자, 그 여자와 잘 지내보라는 것입니다. 이런 말을 듣는 사람은 충분히 가능성이 있습니다.

그럼 칭찬만 들을 뿐 도대체 이성 친구가 생기지 않는 사람은 무엇이 문제 일까요? 아래 특징 중에서 본인에게 해당되는 것은 없는지 곰곰이 생각해 보세요.

이성 친구가 생기지 않는 사람들의 특징
① 너무 순진한 나머지, 자신의 감정을 경계선 없이 너무 솔직히 표현 합니다. 이러면 상대는 마음을 열기도 전에 부담을 느껴 이성으로는 아예 선을 긋는 경우가 생깁니다.
② 말할 때, 지나치게 타인 중심적으로 표현합니다. 이렇게 되면 본인이 어떤 사람인지 확실히 알려줄 수 없을 뿐만 아니라 자칫 다른 사람의 주변만 맴도는 '주변인'이라는 인상을 줄 수 있습니다. 자신만의 개성을 자연스럽게 표현하는 것이 중요합니다.
③ 외모를 보면 지나치게 '평범'합니다. 어떠한 특징이 없습니다. 자신만의 스타일이 없는 외모는 이성일지라도 동성 친구와 같은 편안함만 더해 줄 뿐입니다.
④ 신앙생활을 너무 율법적으로 하거나 혹은 발가락만 살짝 걸치는 정도로만 합니다.
⑤ 그때그때 느껴지는 감정 표현에 서투르며 오로지 사실적 표현만 하여 대화를 할 때 드라이한 느낌을 줍니다. 이러한 사람과 대화를 하고 나면 딱히 기억에 남는 것이 없고, 친밀해질 만한 공감대를 찾기 어렵습니다.

이렇게 하다 보면 상대방은 이성적 매력보다는 편한 친구로만 생각할 가능성이 높습니다. 그렇다면 아무런 수확 없이 칭찬만 듣는 것에서 어떻게 탈출할 수 있을까요?

이렇게 바꿔 보세요.
① 이성과 대화할 때에는 친밀감을 표현하면서 경계선도 적절히 지켜 나갑니다.
② 자기만의 가치관, 세계관을 자연스럽게 표현합니다.
③ 외모는 너무 유행에 앞서가지도 그렇다고 뒤쳐지지도 않도록 노력합니다.
간혹 보면, 있는 그대로의 모습을 사랑해 주는 사람을 만나겠다면서 외모에 대해 어떠한 노력도 하지 않는 청년들이 있습니다. 하지만 우리의 외모를 보시지 않는 분은 오직 예수님뿐이십니다. 우리가 만날 사람은 시각적인 것에 약한 남자, 여자라는 사실을 기억하십시오. 수려한 외모가 아닐 지라도 자신의 장점과 개성이 잘 드러나도록 꾸미고자 노력한다면 충분히 이성에게 매력적으로 보일 수 있습니다.
④ 신앙생활을 하면서 예수님을 깊게 체험하고 예수님 안에서 누리는 자유함을 마음 놓고 표현해 봅니다. 신앙 안에서 함께 나누고 공감한다면 그것만큼 신앙과 관계를 동시에 탄탄하게 해주는 것은 없습니다.
⑤ 따뜻한 공감의 언어를 사용하여 상대방의 마음을 충분히 공감해 줍니다. 이러한 사람과는 대화를 자주 하고 싶어질 것이고 그러다 보면 서로 간의 공감대가 많이 형성될 것입니다.

단번에 바뀌기는 쉽지 않습니다. 그럼에도 노력을 해 보세요. 분명 자신이 마음에 둔 이성으로부터 칭찬과 함께 "우리 사귀어 봐요!" 라는 설레고 기쁜 말을 듣게 될 것입니다.

"같이 걷는 느낌…
　정말 환상적입니다.
게다가 뭇 남성들의 부러움에
　찬 시선들…
　좋습니다. 좋아요!!"

그 남자의 갓데이트

제2편 | 넌 너무 예뻐!

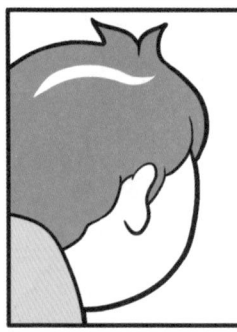

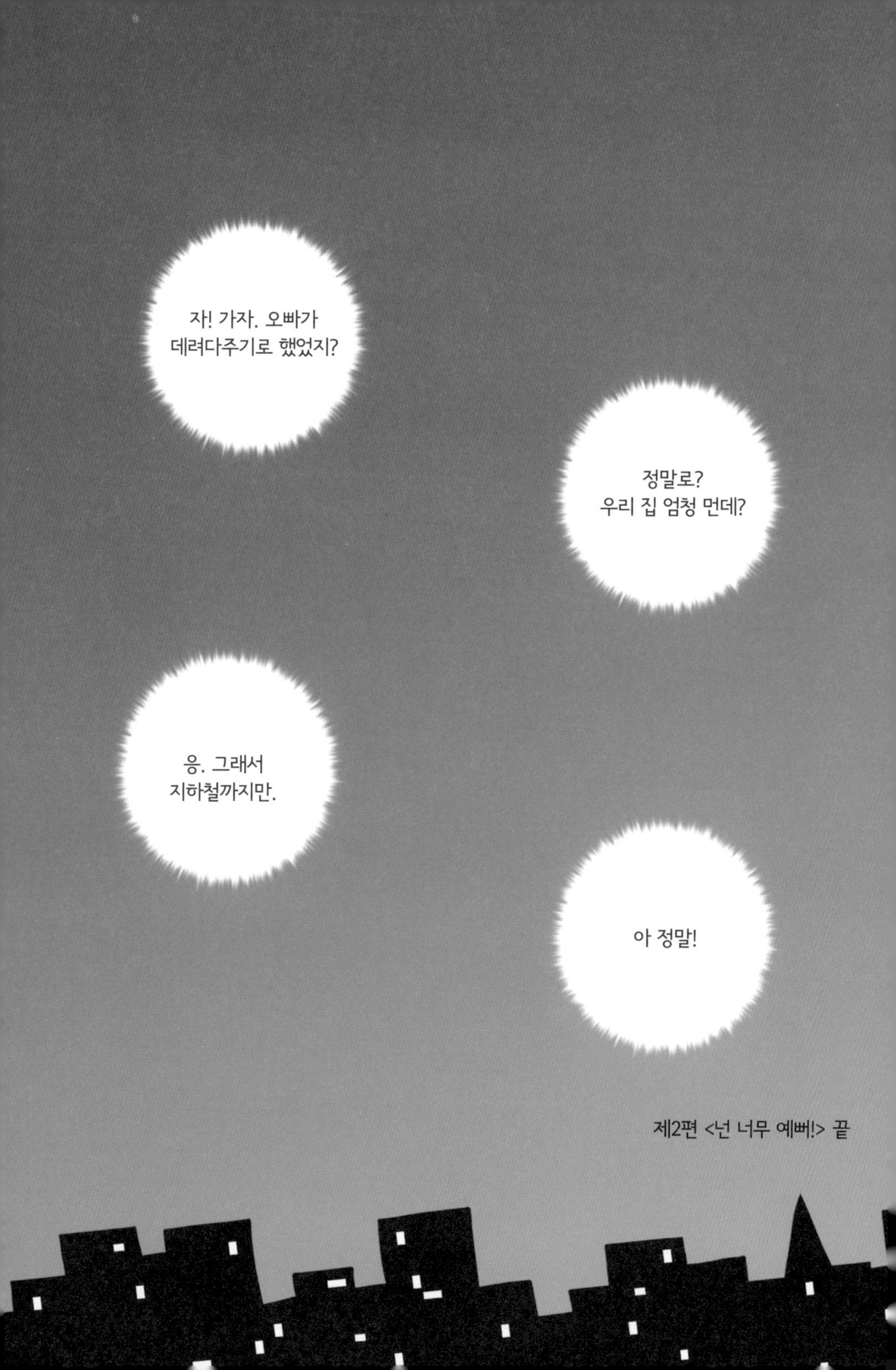

자! 가자. 오빠가
데려다주기로 했었지?

정말로?
우리 집 엄청 먼데?

응. 그래서
지하철까지만.

아 정말!

제2편 <넌 너무 예뻐!> 끝

갓.데.이.트.코.칭 2

킹카가 되고 싶다는 당신에게
: 킹카 되기 위한 10가지 대화의 기술

미혼 크리스천 청년들이 연애할 때, 대화 문제로 인해 오해가 생기고 헤어지는 경우를 많이 보게 됩니다. 그리고 남자들이 가볍게 내뱉은 말에 여자들이 상처 받는 모습도 자주 봅니다. 주님 안에서 멋진 킹카가 되고 싶은 남자들이여, 지금부터 자신의 입술을 점검해 봅시다.

1. 남자 분들, 귀 좀 열고 가시겠어요?

자신의 이야기만 계속 하고 싶어 하는 남자, 여자의 이야기를 들으며 공감하지 않고 자기가 듣고 싶은 것만 듣는 남자, 그리고 사오정처럼 딴 소리를 하는 남자… 이제 귀 좀 열고 여자를 만나면 어떨까요? 귀를 여는 것은 마음을 여는 것입니다. 그리고 마음을 연다는 것은 상대방을 존중하고 있다는 것을 의미합니다.

2. 듣고 있다는 것을 온 몸으로 보여라

남자들은 여자의 이야기를 사무적으로 듣습니다. "그래서 결과가 뭐야?", "아프다고? 그럼 병원 가서 약 먹어." 등으로 말해 버린다면 여자의 마음 문은 닫히고 맙니다. 머리를 끄덕거린다거나, 입가에 웃음을 짓는다던가, 미간에 주름을 그리며 아쉬워하는 등 온 몸으로 상대의 말을 듣고 있다는 것을 보여 주세요.

3. 항상 '솔' 목소리 톤은 노노!

차분하고 밝고 명료하게 이야기하는 습관을 길러 봅시다. 항상 '솔' 목소리 톤을 고수하는 사람이 있지만 남자의 경우, 너무 하이 톤은 자칫 가벼운 인상을 줄 수 있습니다. 본인의 목소리 톤 보다 두 톤 정도 높은 것이 적당합니다. 그렇다고 곰처럼 느리거나 지루한 목소리로 말하지 않도록 주의 하세요.

4. 거짓말과 허풍은 여자의 마음을 닫는 지름길

여자에게 잘 보이려고 거짓말과 허풍으로 자기 일상의 이야기를 꾸며 대는 것은 좋지 않습니다. 자신의 일상을 진솔하게 오픈하는 것은 여자의 마음을 여는 첫 단추입니다.

5. 감정 표현은 자주, 솔직하게!

남자들은 여자들에 비해 상대적으로 감정 표현에 서툴고 감정 표현의 횟수도 적습니다. 이 때문에 마음은 그렇지 않은데도 무관심한 걸로 비춰지기도 합니다. 자신의 감정과 느낌을 부드럽고 솔직하게 표현해 보세요.

6. 어설픈 추측은 금물!

남자들은 자신의 사회적 경험에 빗대어 상대방의 마음을 추측하여 판단하려고 하는 경우가 있습니다. "저 사람이 저렇게 이야기 하는 것을 보니 안 봐도 뻔하네." 이런 투의 말은 매사에 비판적으로 보여 좋지 않은 인상을 줍니다.

7. 진정한 유머로 여자의 마음까지 웃게 하라

사람을 깔보고 놀려서 만들어 내는 유머는 상대방의 입에는 웃음을 줄지 몰라도 그 웃음이 마음까지 이어지게 할 순 없습니다. 유머를 잘 하고 싶은가요? 그럼 수준 낮은 말장난거리를 찾지 말고, 먼저 본인의 마음이 밝아지도록 노력하세요. 진정한 유머는 우선 자신이 즐거워야 함을 기억하세요.

8. "아! 그렇구나!", "이건 어때?"를 기억하라

여자의 상황과 환경을 이해하도록 노력하세요. 여자는 이해받기를 바랍니다. 여자의 말에 "아! 그렇구나!" 라고 반응하며 인정하고 이해하고 있음을 보여 주세요. 또한, 어떤 것을 결정할 때 독단적으로 하지 말고 "이건 어때?" 라고 물으면서 상대방의 생각을 묻고 배려하세요.

9. 여자들은 유혹의 멘트가 아닌, 진정한 안정감을 원한다

여자는 남자로부터 안정감을 느끼기 원합니다. 안정감을 주기 위해 남자들은 자신감을 가져야 합니다. 하지만 자신감은 겉만 화려한 유혹의 멘트가 아니라 성실함과 비전을 보여 주는 것입니다.

10. 하나님께 받은 메시지를 함께 나누어라

많은 청년이 하나님을 믿는다고 입술로 고백하지만 하나님과 지속적으로 친밀한 관계를 갖는 사람은 드뭅니다. 말씀을 통해 하나님과 더욱 친밀해 지십시오. 그리고 그 친밀함을 상대방과 함께 자연스럽게 나누길 바랍니다. 두 사람의 만남을 선한 길로 인도하시는 하나님의 섬세한 손길이 느껴질 것입니다.

"어리면 얼마나 좋아!
풋풋하고 앳된 목소리! 잡티 없는 피부!
세상 물정 모르는 순수함!
부르면 쪼르르 달려와서 안기는
귀염성까지..."

그 남자의 갓데이트

제3편 | 어린 여자가 좋아!

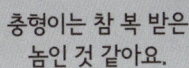

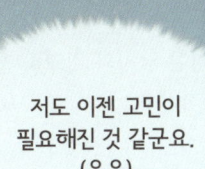

갓.데.이.트.코.칭 3

퀸카가 되고 싶다는 당신에게
: 퀸카 되기 위한 10가지 대화의 기술

여자들도 대화 시 남자의 마음이 상하지 않도록 조심해야 할 것들이 있습니다. 얼굴이 아무리 예쁘더라도 대화에서 싸늘함과 뾰족한 가시가 느껴진다면 그 여자를 다시는 만나고 싶지 않겠지요. 따뜻한 격려는 남자의 마음을 움직입니다. 퀸카가 되고 싶은 여자들이여, 아름다운 대화의 힘을 기억하세요.

1. 남자는 여자에게 인정받고 싶어 한다
자기와 사고방식이 다를지라도 남자의 선택과 생각을 인정하세요. 특히 남자들은 여자들에게 인정받을 때 행복해합니다. 그렇다고 해서 본인의 선택과 생각을 무조건 상대방에게 맞추라는 의미는 아닙니다.

2. 취조하기 전에 정리하며 들어라
남자들의 말은 중간 생략이 많기 때문에 대체로 짧습니다. 여자들은 남자의 말을 들으며 그의 마음과 생각을 잘 정리해야 합니다. 이해가 안 간다고 해서 취조하듯 계속 이것저것 캐묻는 것을 피해야 합니다. 다그쳐 묻는다면 상대는 한 발자국 멀어지게 됩니다.

3. 비교는 영혼을 멍들게 한다
남자들은 자존심이 강한 편입니다. 따라서 다른 사람들과 비교하는 이야기를 들을 때 매우 힘들어 합니다. 예를 들어, 남자 친구의 살을 빼려고 다른 남자와 비교하다가는 남자 친구의 몸뿐만 아니라 영혼도 빈약하게 된다는 것을 명심하세요.

4. 남자는 칭찬을 먹고 산다
누구나 잘 알 듯 남자는 칭찬을 먹고 삽니다. 칭찬한다고 해서 돈 드는 것이 아니니 할 수 있는 만큼 남자의 장점을 꾸준히 칭찬하세요. 남자들은 여자들에게 칭찬의 말을 들을 때 용기를 얻습니다.

5. 여자의 웃음은 최고의 호응!

남자와 대화하면서 잘 웃어주는 여자는 더욱 많은 호감 얻게 됩니다. 웃음이 오가는 대화의 분위기는 더욱 부드럽고 따뜻하기 마련이고 사람의 마음이 쉽게 열리기도 합니다. 그렇다고 계속 실실 웃으면 비웃음으로 착각하겠지요? 하지만 가끔은 오버해서 웃어줘도 좋습니다. 여자의 웃음은 남자의 마음을 설레게 하는 최고의 호응입니다.

6. 대화에 애교의 양념을 넣어라

남자들은 여자의 애교를 좋아합니다. 남자들에게 살짝 애교를 보내 보세요. 그러면 대화할 때 더욱 애정이 느껴져서 분위기가 따뜻하게 바뀌게 될 것입니다. 그렇다고 시시때때로 남자로부터 도움을 얻어내기 위해 일부러 애교를 이용하는 것은 좋지 않습니다.

7. 하나님 안에서 비전을 나누어라

결혼을 하게 되면 집에서 쉬며 아이를 잘 돌보는 것이 비전이라고 이야기 하는 여자들이 간혹 있습니다. 물론 아이를 잘 키우는 것은 매우 중요한 일입니다. 하지만 오로지 결혼이 연애의 목적이고 본인의 비전인 것처럼 비춰 진다면 남자들에게 심적 부담을 주게 됩니다. 결혼과 별개로 자기가 진정으로 하고자 하는 일과 하나님께서 주신 비전은 무엇인지 함께 나누어 보십시오.

8. "당신을 믿어요."는 남자를 움직인다

남자에게는 보호 본능이 있습니다. 보호 본능을 자극하기 위해서 괜히 약한 척 하지 말고 "난 OO씨를 믿어요.", "OO씨는 잘 할 수 있을 거예요." 등 이런 말을 건넨다면 남자 친구의 눈빛이 달라질 것입니다. 여자 친구에게 더욱 헌신적으로 노력할 것입니다.

9. 과정보다는 결과를 이야기하라

남자들은 여자들의 2시간짜리 수다를 집중하여 들을 만큼 청각이 발달되어 있지 않습니다. 청각보다 시각이 발달한 남자는 여자가 길게 이야기 하는 동안 다른 곳을 쳐다보기 일쑤입니다. 다른 곳을 쳐다보는 남자를 원망하지 말고 자신의 생각을 정리해서 원하는 마음을 정확히 표현해 보십시오. 과정보다는 결과를 잘 정리해서 이야기할 때 남자들은 좀 더 쉽게 여자의 말을 이해할 것입니다.

10. 상대를 위한 기도가 가장 중요하다

기도하는 자는 얼굴빛이 다릅니다. 간절히 기도할수록 입가에는 미소가 지어지고, 눈빛은 온화하게 변할 것입니다. 기도하는 자의 얼굴로 남자 친구를 대해 보세요. 그러면 남자 친구는 여자 친구를 바라볼 때 예수님의 마음으로 보게 될 것입니다.

"참 이상해…
그때나 지금이나 비주얼은 똑같이 평범한데,
서로 마음을 오픈하고 공감되기 시작하니
　　나도 모르게 조금씩
　　　　생각나게 되는 것 같아."

그 남자의 갓데이트

제4편 | 날 닮은 너!

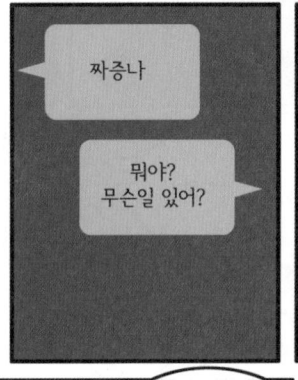

난 여주를, 사람들을
얼마나 많이 알고 있지?

분명 그렇다...

그때의 난 단지 평범해 보인다는 이유로
더 이상 여주에 대해 알려고
하지 않았어.

현주 선배는... 내 이상형이었다는
이유로 아주 많이 알던 사람처럼 대했고

차장님과 이야기해 보기 전까진
난 나이에 대한 선입견을 갖고 있었지.

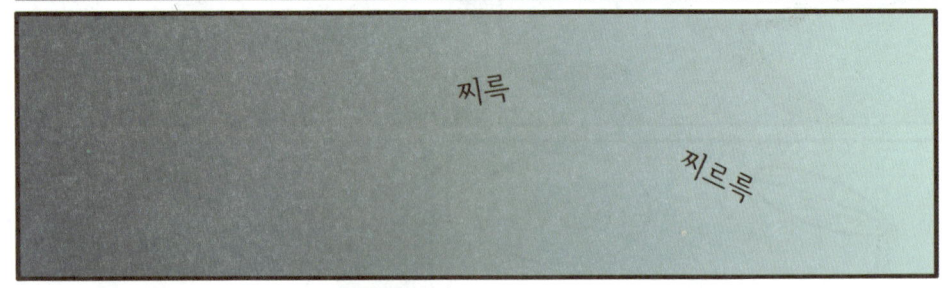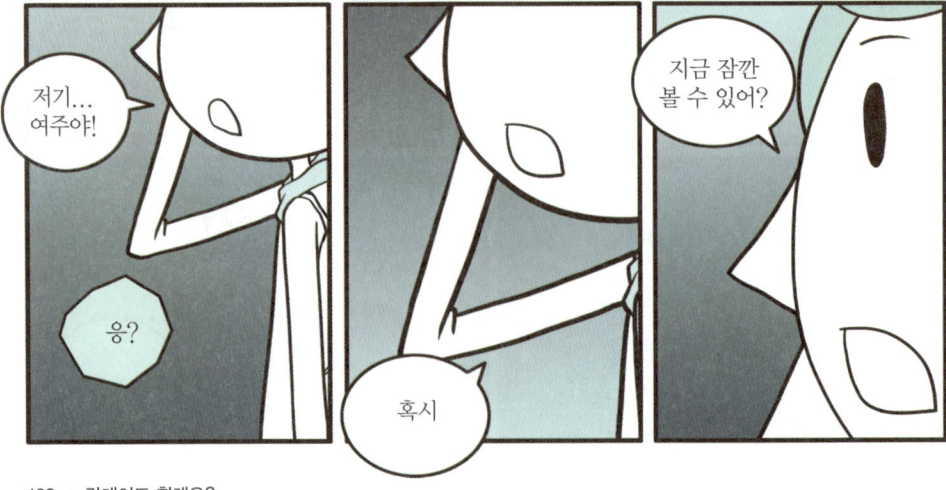

수많은 만남과 수많은 헤어짐…
환상을 쫓던 예전의 나와
가치와 그 속의 비전을 바라보는 지금의 나

달라진 건 사실 아무 것도 없다.
세상도, 사람들도,
그리고 그녀도 그대로다.

다만, 달라진 게 하나 있다면 나의 마음 뿐

이상형과는 거리가 먼 너.

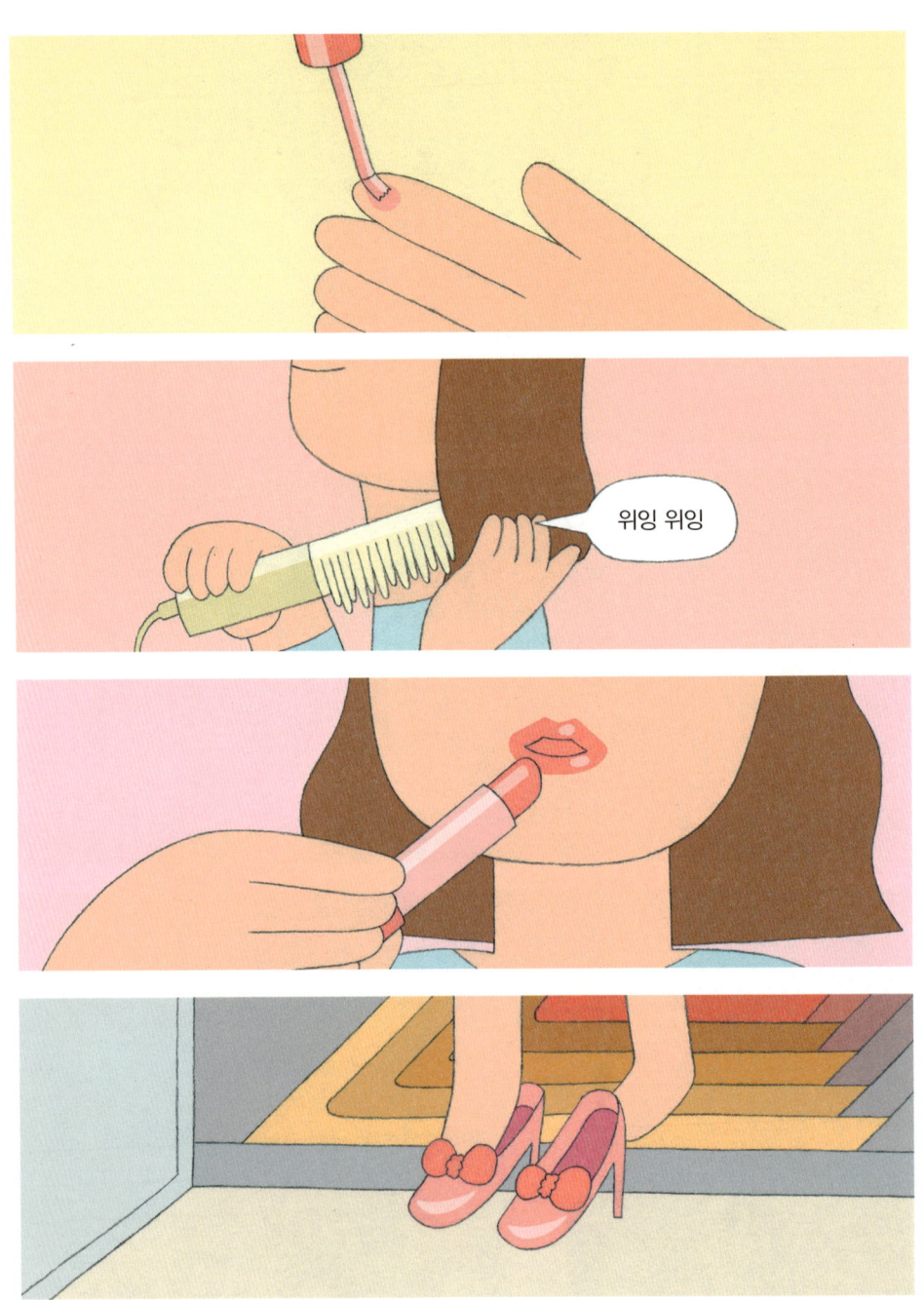

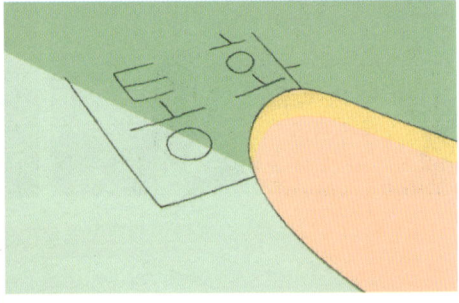

오늘 전도사님인 남자와 소개팅을 했는데, 나에 대한 질문은 하지 않고 교회에 대한 질문만 하는 거야! 그럼, 왜 만난 거야! 서로 대화하고 알아보려고 만난 거잖아. 내가 어떤 마음으로 교회 봉사를 하고 어떤 생각으로 삶을 사는지를 물어 봐야 하는 거 아냐? 사모라는 역할을 할 수 있는 사람인지 면접을 보는 것 같아서 기분 나빴어!

그랬겠다!

오늘 정말 오랜만에 쉬는 날이었어! 소개팅 하는데 과장한테 전화가 온 거야. 화를 내며 당장 회사로 오라고! 신입이나 하는 실수를 했는데, 내가 요즘 제정신이 아니야. 같이 일하는 동료 두 명이 임신, 출산 휴가를 내서 세 명이 할 일을 내가 다 하고 있어!

이런! 그러니까 날마다 야근에 쉬는 날이 없지.

그런데! 과장이 뭐라는 줄 알아? 다 그러고 산대! 무리라는 생각은 안 하나봐! 어쩜 그럴 수가 있니? 세 명이 했을 때도 벅찬 일을 나 혼자서 가능하다고 생각하나 봐! 과장이라면 일을 효율적으로 할 수 있도록 환경을 만들어 줘야지!

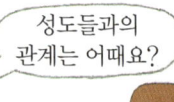

그 여자의
갓데이트

제4편 | 갓데이트

"어떤 조건이 충족됐기 때문에
행복한 게 아니라,
하나님 안에서 두 사람이
함께 사는 것이 행복 같아."

크리스천의 스펙 4

C Christian : 우리는 믿음의 사람들

감정을 표현하도록 노력하면 대화가 풍요로워집니다.

답답하거나 동문서답하는 대화가 아니라, 서로를 이해하게 되고 비전을 나눌 수 있는 대화를 할 수 있어요.

크리스천의 SPEC

Christian : 그리스도에게 속한 자, 그리스도를 따르는 자

마지막으로 제일 중요한 스펙은 우리가 예수님의 성품을 닮아 가는 믿음의 사람이라는 것입니다.

크리스천의 스펙 3 — **E** Emotion : 감정을 나눈다는 것

크리스천의
SPEC

Emotion : 감정을 나누다.
나의 감정, 마음, 기분을 나눌 수 있어야 해요.

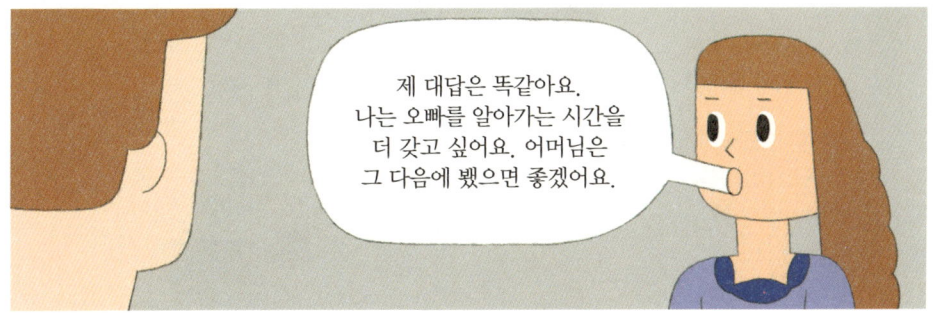

무슨 일 있어요?

집사님!

조건도 맞고 마음도 맞는 남자가 있을까요?

여주 자매!

조건을 앞세우다 보면 마음을 보지 못하죠.

조건으로만 보면 제가 행복할 수 있는 조건인데, 오빠는 제 마음을 너무 몰라줘요.

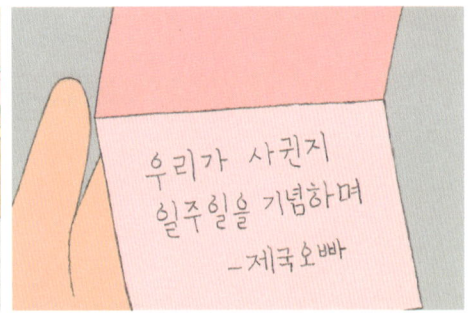

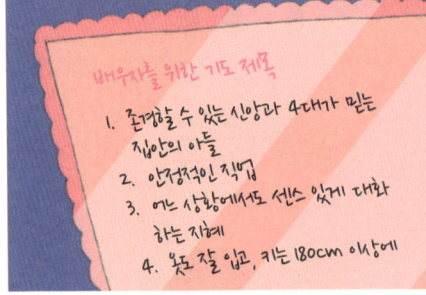

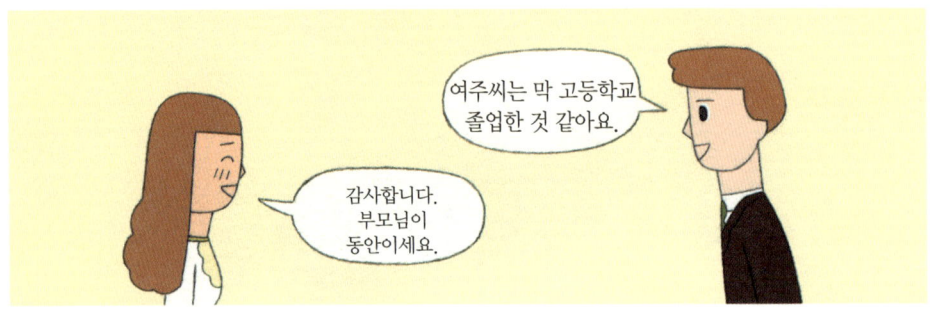

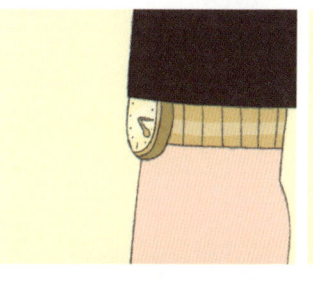

잘 만나 봐~.
내년 봄에는 국수 먹어 보자구.

교회 권사님의 소개로
남자를 만나기로 했다.

이 남자가 나이가 좀 많은 것만 빼면 흠 잡을 데가 없어.

잘 나가는 아버지 사업을 물려받아서 건실하게 운영하고 있지, 외모 출중하지, 성품 좋지.

4대째 믿는 집안이라 얼마나 많은 축복을 받고 누리는지 몰라.

그 여자의 갓데이트

제3편 | 결혼 조건 0순위! 스펙

"헉! 저 남자 옷이며 신발, 시계...
집 한 채 값은 되겠다!
내가 최고급 승용차를 타 보다니...
좋다!"

갓.데.이.트. Tip 2
이런 여자는 만나지 마라

1. 고리타분한 여자는 피하라
고리타분한 여자는 삶의 열정이 부족하고 진취적이지 않아서 새로운 환경에 적응하기보단 회피하려 듭니다. 또한 원칙적인 것만 따르려고 하고 자신이 싫어하는 것에 대해서는 고집을 부립니다. 어떤 문제에 부딪쳤을 때 상대의 잘잘못만을 정확하게 따지려 듭니다. 지혜롭게 남자의 자존심을 세워주며 칭찬할 줄도 아는 여자를 만나야 합니다.

2. 사치스러운 여자를 피하라
사치스럽고 명품을 좋아하는 여성들은 명품 가방을 들고 있을 때 자신도 명품이 된다고 착각합니다. 그래서 자신의 능력 이상으로 사치를 하게 됩니다. 또한 이런 여자들은 집의 의미를 누군가에게 보이기 위한 도구로 생각하기도 합니다. 현실 인식이 없어 남편이 자신의 욕구를 채워 주기만을 바라며 그렇게 되지 않으면 쉽게 분노합니다.

3. 감정의 기복이 심한 여자는 피하라
남자들은 종종 감정의 기복이 심한 여자들에게 매력을 느낍니다. 감정 기복이 있는 여자들은 남자들의 감정을 들었다 놓았다 하기 때문입니다. 하지만 그런 여자의 감정은 예측하기가 힘들어 남자 입장에서는 무엇을 해야 할지 방향성을 찾지 못합니다. 결국엔 만날 때마다 피곤함만 더할 뿐입니다.

4. 지나치게 타인에게 관심을 갖고 있는 여자를 피하라
이러한 여자들은 자신의 모습에 관심 갖기 보다는 타인의 모습을 지나치게 관찰하고 판단하려고 합니다. 관심의 정도가 지나치게 되면 자기가 상대방의 모든 것을 알아야 한다며 사사건건 참견이 심해집니다. 그리고 본인 마음에 들지 않는다고 뒷담화하는 여자도 주의하세요.

5. 자신만을 바라봐 주길 원하는 여자는 피하라.
연애는 혼자가 아닌 '함께'하는 것입니다. 연인 관계에서 남자 친구가 자신을 바라봐 주길 원하는 것은 당연하지만 자신이 아닌 다른 어떤 사람하고도 이야기하는 것을 불편해 한다면 그것은 문제입니다. 이러한 여자들은 상대방을 조종하려 들고 그러다 자기 뜻대로 되지 않으면 집착하려 듭니다.

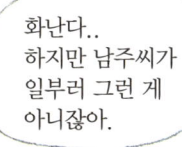

사람의 존재는 하나님의 자녀라는 것을 잊지 마세요. 존재를 상하게 하는 언어를 사용하지 말고 행동으로 인해 벌어진 일에 대해서만 이야기하고 토론하세요.

분노하는 사람들의 대부분은 존재와 행동을 구별하지 못해 상대방의 마음을 상하게 하는 언어를 사용해요. 그런 언어는 주변 사람들을 불안하게 만듭니다.

화평하게 하는 사람은 갈등을 잘 해결합니다.

많은 사람이 성격 차이로 이혼을 한다고 말합니다.

실제로는 성격 차이로 생긴 갈등이 해결되지 못할 때 이혼할 확률이 높습니다.

그런데 갈등을 해결하기 위해서는 선행되어야 할 것이 있습니다.

1. 자기 자신의 스트레스를 해소할 수 있어야 합니다.
2. 상대방을 보는 시각이 변화되어야 합니다.
존재와 행동을 구별해야 해요.

결혼 생활에서 갈등을 어떻게 해결할 것인가는 매우 중요해요.

존재와 행동을 구별해야 해요.

스트레스를 누르고 있으면 상대방의 모습을 객관적으로 볼 수 없어요.

크리스천의 스펙 2　**P** **Peacemaker : 나는 피스메이커일까, 트러블메이커일까?**

나는 트러블메이커?
Troublemaker : 갈등을 일으키는 사람

나는 피스메이커?
Peacemaker : 화평하게 하는 사람

크리스천의 SPEC!

Peacemaker : 화평하게 하는 사람
미움이 있는 곳에 평화를 조성하고, 분열이 있는 곳에 화해와 일치를 추구하는 사람을 말합니다.

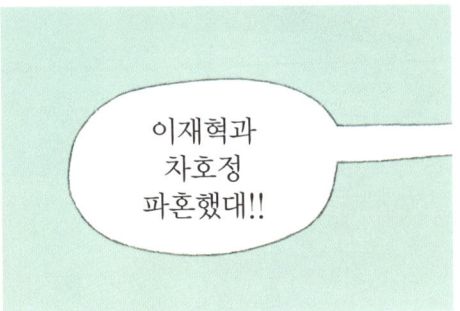

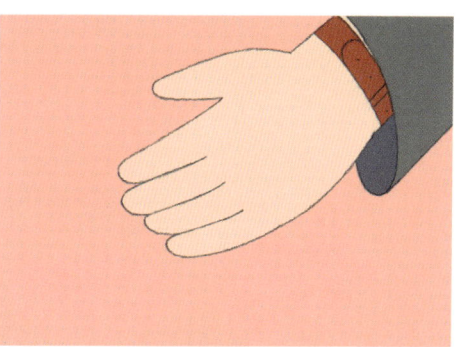

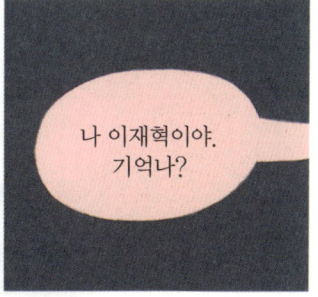

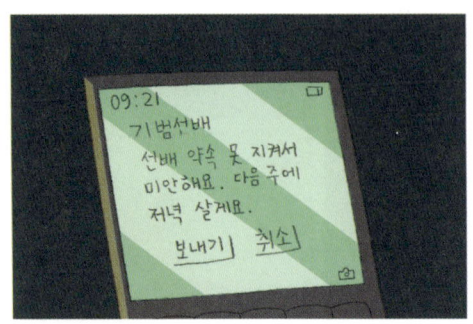

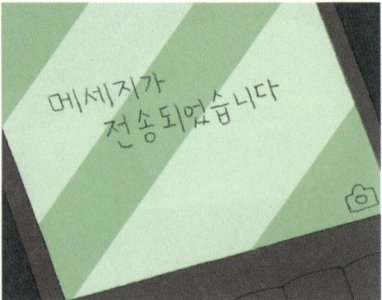

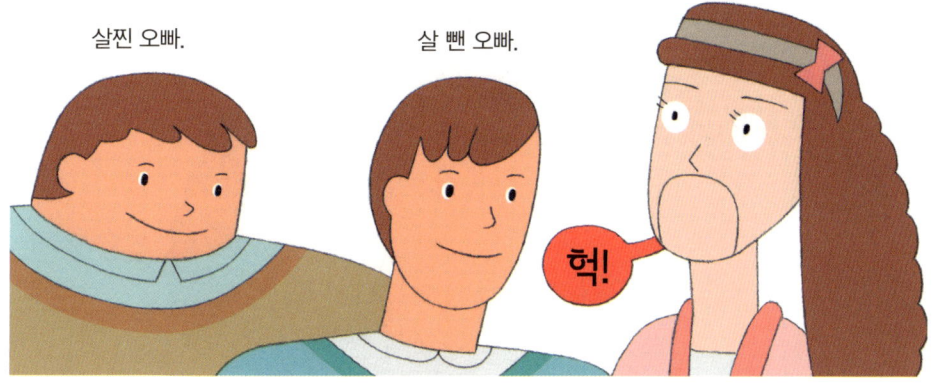

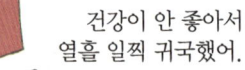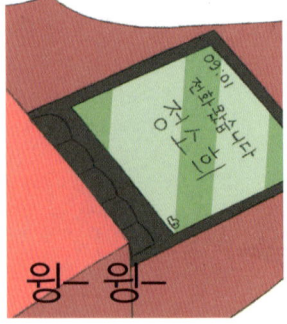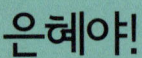

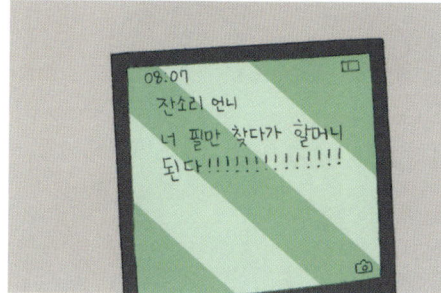

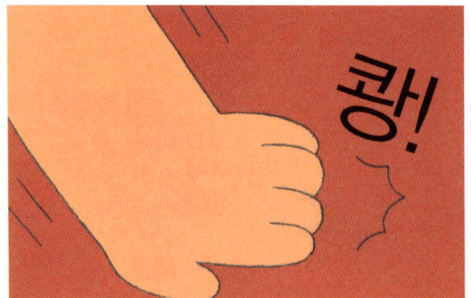

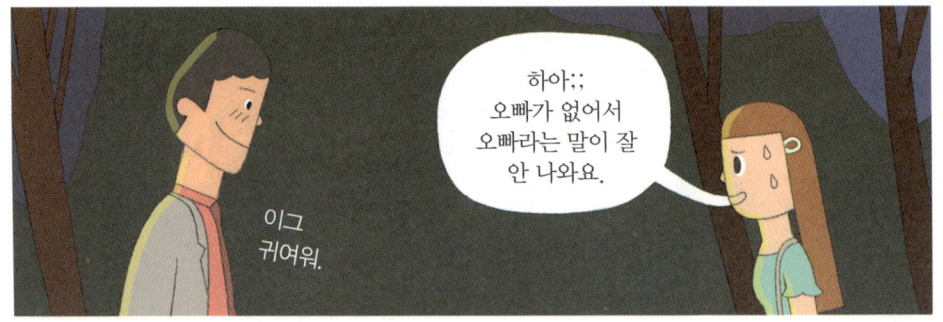

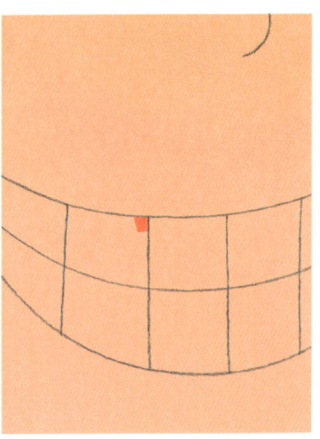

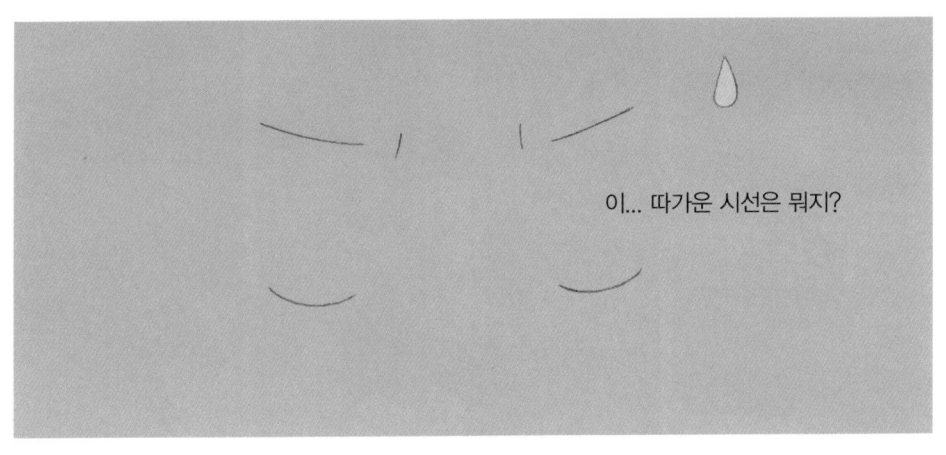

그 여자의
갓데이트

제2편 | 사랑은 필(feel)로 시작하는 거야!

"필이 와야 두 번 만나고,
세 번을 만나지!
시간 낭비, 돈 낭비.
필이 안 통하는 남자를
왜 만나야 해?"

갓.데.이.트. Tip 1
이런 남자는 만나지 마라

1. 문제 해결 능력이 없는 남자는 피하라

어떤 남자들은 이성 교제 시에 문제가 생기는 것을 두려워합니다. 그래서 문제가 있어도 없는 척 하며 회피합니다. "좋은 게 좋은 거니까 그냥 넘어가자." 라는 사고방식을 가진 남자들은 시간이 지난 후에 모든 문제를 단 번에 터트리며 문제를 더욱 확대시킵니다. 또, "그래, 내가 다 잘 못했어. 그런데 우리 여행은 어디로 갈까?" 라며 문제를 회피하고 엉뚱한 이야기로 상황을 변화시키려는 경우도 있습니다. 그리고 "아 그게 말이지... 내가 시간이 없어서", "맞아, 나도 잘 하려고 했는데 내가 성격이 원래 그래서..." 라며 방어하기에 급급한 모습을 보이기도 합니다.

문제는 언제든지 누구에게나 발생 할 수 있습니다. 문제가 있느냐 없느냐가 중요한 것이 아니라 이러한 문제를 어떻게 해결할 것인지가 중요합니다. 문제에 당당히 부딪치지 않고 용기 내어 해결하지 못하는 남자는 문제를 문제로 보지 않고 사람이 문제라고 여깁니다. 그래서 상대방의 인격을 비난하고 결국에는 관계까지 어렵게 만들 수 있습니다.

2. 성실하지 않은 남자는 피하라

종종 남자들은 착각합니다. 꼭 차를 가지고 있고 집을 구입할 수 있는 능력이 있어야만 여자를 만날 수 있다고 말입니다. 그래서 "저 여성이 나의 경제력을 알면 나를 싫어하겠지?" 라는 마음으로 스스로 포기합니다. 하지만 결혼에서 가장 중요한 것은 '경제력'이 아닌 '생활력'입니다. 생활력이란 타인을 괴롭히고 하나님의 영광을 가리는 일이 아니라면 가정을 위해 어떤 일이든지 자존심을 내세우지 않고 최선을 다하는 것을 말합니다. 환상을 갖고 허황된 일에 일확천금을 꿈꾸는 어리석은 사람이 아니라 오늘도 자신의 위치에서 최선을 다하는 사람을 만나야 합니다.

3. 매사에 어둡고 부정적인 남자는 피하라

평상시 말수가 적고 자신이 말할 필요가 있을 때만 이야기 하는 남자들이 종종 있습니다. 분위기 있어 보인다는 이유로 이렇게 어두운 남자들을 선호하는 여성들이 간혹 있습니다. 하지만 이들과 마음을 나누어 보세요! 어두운 분위기의 남자는 언어가 부정적이고 과거에 얽매어 있어 부정적인 추억이 현재와 미래를 끊임없이 괴롭힐 가능성이 높습니다. 이런 남자들과는 가정의 대소사를 이야기하기 쉽지 않고 매사에 부정적인 면을 먼저 보기 때문에 화평하기가 어렵습니다.

4. 툭하면 버럭 화내는 남자는 피하라
감정 조절이 안 돼서 쉽게 분노하는 남자들은 자기 자신에 대해 지나치게 방어하며 타인에 대한 이해가 없습니다. 자신의 생각과 다르면 가차 없이 타인을 정죄합니다. 이런 사람은 결혼 전에는 계속 참고 있다가 결혼 이후에 아내에게 버럭 화를 잘 낼 수 있는 사람입니다. 이런 성향이 있는지 알아보려면, 운전 중 다른 차가 갑자기 끼어들 때 혹은 국가 대표 운동 경기를 보며 우리 팀이 지고 있을 때 어떤 반응을 보이는지를 보면 됩니다. 화를 잘 내는 사람은 자신의 내면 욕구가 무엇인지, 어떠한 숨은 감정이 있는지를 본인이 잘 알지 못하기 때문에 평상시 대화에서도 자신의 감정을 이야기 하는 것을 꺼리거나 어려워합니다.

5. 신앙인인 척 하는 남자는 피하라
이러한 남자는 교회 언어를 많이 사용합니다. 성경 인물 이야기, 성경 구절 등을 빈번하게 사용하여 말하지만 인격적으로 예수님을 만나지 못했습니다. 성경적 지식은 뛰어나지만 머리로만 알고 있기 때문에 실제 행동으로는 나타나지 않습니다. 알고 있는 신앙의 내용처럼 마치 자신이 그대로 살고 있다고 착각합니다. 이러한 남자는 자신을 똑바로 직면하지 못하기 때문에 자신만 의로운 척 하는 경우가 많습니다.

크리스천의 자존감은 세상에서 말하는 자존감과는 다릅니다.
자존감을 높이려면 '나는 누구인가?'라는
정체성을 분명히 알아야 합니다.

크리스천의 정체성이란?

나와 동행하는 성령님께 모든 것을 맡기겠다는 의지가 있습니다.

자신이 연약한 존재라는 것을 있는 그대로 받아들입니다.

자신이 하나님의 자녀임을 분명히 믿습니다.

더불어 다른 사람도 하나님의 자녀이기에 소중하고 가치 있는 존재라는 것을 깨닫는다면, 내가 속한 가족 공동체, 교회 공동체의 소중함을 알 수 있어요.

이것이 '크리스천의 자존감'입니다.

자존감을 지나치게 내세우면 자기애적 성향에 빠질 수 있어요.

나는 소중하고 긍정적인 존재입니다.

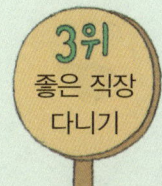

SPEC
Self-esteem : 자존감

크리스천의 스펙 1 S Self-esteem : 건강한 크리스천의 자존감이란?

배우자를 위한
저의 간절한 기도를 들어주세요.

제1편 <잡히지 않는 환상> 끝

당신이 내게 다가온 후에
그 사랑 알게 됐지요~

언니는 형부를 최고의 선물이라고 하지만,
난 희수 언니가 너무 아까워!

나의 마음에
가르쳐 준 것은
함께 하는
소중한 사랑~

하나님! 저는 언니와 달라요!
저는 이상형인 남자와
꼭 결혼해야 해요!

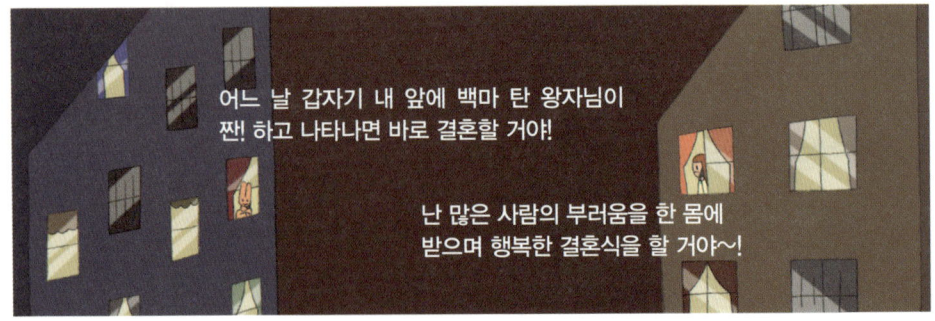

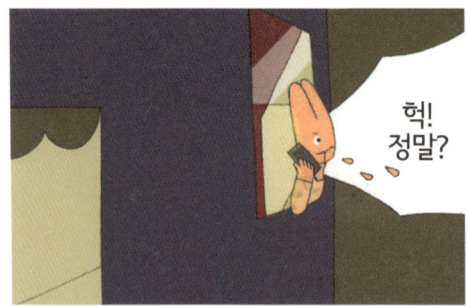

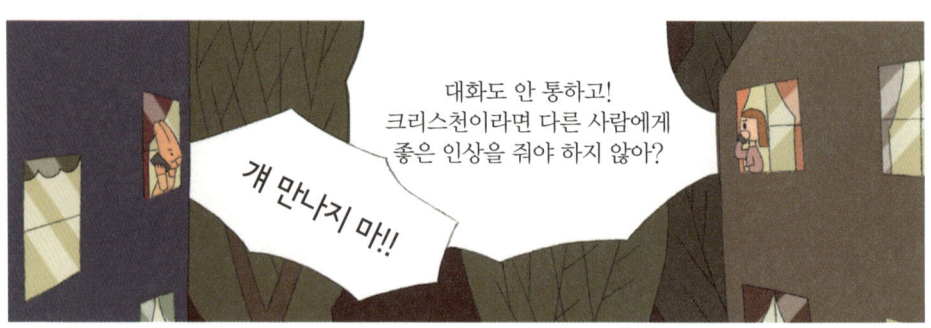

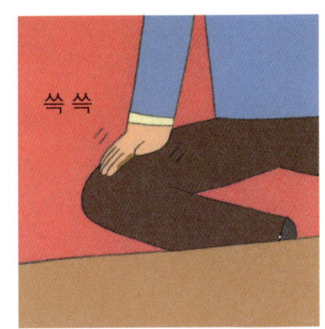

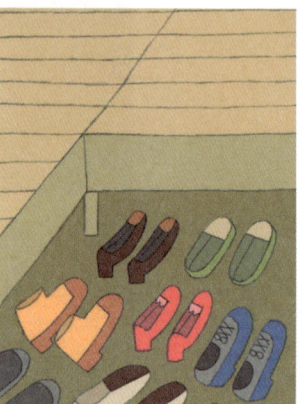

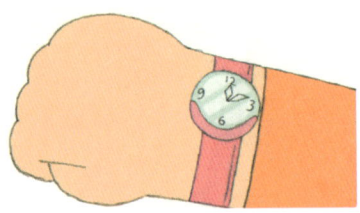

그 여자의 갓데이트

제1편 │ 잡히지 않는 환상

"어느 날 갑자기
내 앞에 백마 탄 왕자님이
'짠' 하고 나타나면 바로 결혼할 거야!
난 많은 사람의 부러움을 한 몸에 받으며
행복한 결혼식을 할 거야~"

그 여자의
갓데이트

제1편 잡히지 않는 환상 _6
어느 날 갑자기 내 앞에 백마 탄 왕자님이 '짠' 하고 나타나면 바로 결혼할 거야! 난 많은 사람의 부러움을 한 몸에 받으며 행복한 결혼식을 할 거야~!

제2편 사랑은 필(feel)로 시작하는 거야! _44
필이 와야 두 번 만나고, 세 번을 만나지! 시간 낭비, 돈 낭비. 필이 안 통하는 남자를 왜 만나야 해?

제3편 결혼 조건 0순위! 스펙 _80
헉! 저 남자 옷이며 신발, 시계... 집 한 채 값은 되겠다! 내가 최고급 승용차를 타 보다니... 좋다!

제4편 갓데이트 _116
어떤 조건이 충족됐기 때문에 행복한 게 아니라, 하나님 안에서 두 사람이 함께 사는 것이 행복 같아.

> 진정한 스펙이란 바로 이런 것!

크리스천의 스펙

- **S** Self-esteem : 건강한 크리스천의 자존감이란? _37
- **P** Peacemaker : 나는 피스메이커일까, 트러블메이커일까? _75
- **E** Emotion : 감정을 나눈다는 것 _111
- **C** Christian : 우리는 믿음의 사람들 _114

> 아무리 좋아도 이런 사람은 NO!

갓데이트 Tip

1. 이런 남자는 만나지 마라 _43
2. 이런 여자는 만나지 마라 _79

이 책을 읽는 Tip

+ 남녀 주인공이 가운데 페이지에서 만날 수 있도록 구성했습니다.
  남자 편은 앞에서부터, 여자 편은 뒤에서부터 봐 주세요.

+ 남녀 주인공이 재회하기 전, 서로는 알지 못한 채
  같은 장소에 있는 장면이 등장합니다.
  그 페이지는 어디 일까요? 만화를 보며 숨겨진 재미를 찾아보세요.

크리스천의 솔직 당당
유쾌한 데이트

갓데이트
할래요? 그여자

사명선언문

너희가 흠이 없고 순전하여……세상에서 그들 가운데 빛들로
나타내며 생명의 말씀을 밝혀 _ 빌 2:15-16

1. 생명을 담겠습니다
만드는 책에 주님 주신 생명을 담겠습니다.
그 책으로 복음을 선포하겠습니다.

2. 말씀을 밝히겠습니다
생명의 근본은 말씀입니다.
말씀을 밝혀 성도와 교회의 성장을 돕겠습니다.

3. 빛이 되겠습니다
시대와 영혼의 어두움을 밝혀 주님 앞으로 이끄는
빛이 되는 책을 만들겠습니다.

4. 순전히 행하겠습니다
책을 만들고 전하는 일과 경영하는 일에 부끄러움이 없는
정직함으로 행하겠습니다.

5. 끝까지 전파하겠습니다
모든 사람에게, 땅 끝까지, 주님 오시는 그날까지
복음을 전하는 사명을 다하겠습니다.

서점 안내

광화문점 서울시 종로구 새문안로 69 구세군회관 1층
02)737-2288(T) 02)737-4623(F)

강남점 서울시 서초구 신반포로 177 반포쇼핑타운 3동 2층
02)595-1211(T) 02)595-3549(F)

구로점 서울시 구로구 시흥대로 577 3층
02)858-8744(T) 02)838-0653(F)

노원점 서울시 노원구 동일로 1366 삼봉빌딩 지하 1층
02)938-7979(T) 02)3391-6169(F)

분당점 경기도 성남시 분당구 황새울로 315 대현빌딩 3층
031)707-5566(T) 031)707-4999(F)

신촌점 서울시 마포구 서강로 144 동인빌딩 8층
02)702-1411(T) 02)702-1131(F)

일산점 경기도 고양시 일산서구 중앙로 1391 레이크타운 지하 1층
031)916-8787(T) 031)916-8788(F)

의정부점 경기도 의정부시 청사로47번길 12 성산타워 3층
031)845-0600(T) 031) 852-6930(F)

인터넷서점 www.lifebook.co.kr